Cambiar nuestra comunidad

Ben Nussbaum

Asesoras de contenido

Jennifer M. Lopez, M.S.Ed., NBCT
Coordinadora superior, Historia/Estudios sociales
Escuelas Públicas de Norfolk

Tina Ristau, M.A., SLMS
Maestra bibliotecaria
Distrito Escolar de la Comunidad de Waterloo

Asesoras de iCivics

Emma Humphries, Ph.D.
Directora general de educación

Taylor Davis, M.T.
Directora de currículo y contenido

Natacha Scott, MAT
Directora de relaciones con los educadores

Créditos de publicación

Rachelle Cracchiolo, M.S.Ed., *Editora*
Emily R. Smith, M.A.Ed., *Vicepresidenta de desarrollo de contenido*
Véronique Bos, *Directora creativa*
Dona Herweck Rice, *Gerenta general de contenido*
Caroline Gasca, M.S.Ed., *Gerenta general de contenido*
Fabiola Sepulveda, *Diseñadora gráfica de la serie*

Créditos de imágenes: pág.10 vewfinder/Shutterstock; pág.12 stock_photo_world/ Shutterstock; pág.13 VineStar/Shutterstock; pág.14 Flickr/KOMUnews; págs.16–17, 25 US Department of Education; pág.24 milehightraveler/iStock; todas las demás imágenes cortesía de iStock y/o Shutterstock

Library of Congress Cataloging-in-Publication Data

Names: Nussbaum, Ben, 1975- author. | iCivics (Organization), issuing body.
   Title: Cambiar nuestra comunidad / Ben Nussbaum.
Other titles: Changing our community. Spanish
Description: Huntington Beach, CA : Teacher Created Materials, [2022] |
   "iCivics"--Cover. | Audience: Grades 2-3 | Summary: "Communities are
   always changing. Streets get fixed. Sidewalks get added. New schools get
   built. But how does it all happen?"-- Provided by publisher.
Identifiers: LCCN 2021039405 (print) | LCCN 2021039406 (ebook) | ISBN
   9781087622682 (paperback) | ISBN 9781087624006 (epub)
Subjects: LCSH: Social change--Juvenile literature. | Political
   participation--Juvenile literature. | Civic improvement--Juvenile
   literature.
Classification: LCC HM831 .N8718 2022 (print) | LCC HM831 (ebook) | DDC
   303.4--dc23

Contenido

Reunión del
ayuntamiento

Todo el tiempo hay cambios

Hay cambios en todas partes. Las grandes ciudades cambian. Los pueblos pequeños cambian. Pero no siempre es fácil. Hacer cambios en las **comunidades** lleva mucho trabajo. Hay que planificar. Muchas personas deben trabajar juntas para decidir qué cambios hacer. Pero ¿cómo se toman esas **decisiones**?

Muchas comunidades

Una comunidad puede ser un grupo de personas que viven en el mismo lugar. Pero también puede ser un grupo de personas que comparten ciertas creencias o que hacen la misma actividad, como practicar un deporte.

Salta a la ficción

Hablar es importante

—¿Por qué tenemos que gastar dinero para construir una nueva escuela? ¿No podemos repararla? —preguntó alguien.

Había muchas personas en la reunión del ayuntamiento. Querían dar su opinión sobre la nueva escuela. Amy se inclinó hacia su mamá y susurró:

—¿Puedo decir algo?

—¡Claro que sí! Esta es tu escuela. Diles lo que piensas —respondió su mamá.

Amy respiró hondo y se puso de pie.

—No es suficiente hacer reparaciones. El edificio es muy pequeño. Somos demasiados niños ahora. La nueva escuela podría tener salones más grandes y mejores laboratorios de ciencias. Es importante para nosotros y para los niños del futuro.

Todos aplaudieron cuando Amy se sentó.

A la semana siguiente, el maestro Wilson les habló a los estudiantes.

—Tengo buenas noticias. Muchos ya saben que se ha estado hablando de construir una nueva escuela. Amy, también te escuché cuando hablaste en la reunión la semana pasada.

—Pues bien, estoy feliz de anunciar los resultados de la votación. ¡Tendremos una escuela nueva!

Amy sonrió. Estaba contenta de haber hablado y orgullosa de haber ayudado a otros a tomar esa decisión.

Vuelve xto de ción

Mucho en qué pensar

A veces, las comunidades quieren hacer cambios. Tal vez haya que pavimentar una calle. Quizás un edificio está en mal estado y hay que construir uno nuevo.

Los trabajadores de una comunidad vuelven a pavimentar una calle.

Antes de poder hacer un cambio, hay mucho en qué pensar. Las personas tienen que preguntar cosas y hacer una **lluvia de ideas**. ¿Cuánto costará el cambio? ¿Causará problemas? ¿Cuánto tiempo llevará? ¿Hay otras **soluciones**?

Piensa y habla

¿Por qué es importante pensar antes de actuar?

Un ciudadano habla en una reunión local.

Votar el cambio

Cuando una comunidad necesita tomar una decisión, puede pedir ayuda. A veces necesita la ayuda de los miembros de la comunidad. Imagina que una ciudad quiere agregar un nuevo cruce peatonal. Tal vez a algunos les parezca una buena idea. Otros quizás piensen que causará problemas de tránsito. La ciudad puede hacer una reunión. Las personas pueden ir a la reunión y **debatir**. Pueden **votar** los cambios que quieren hacer.

Votar

Votar es una excelente manera de marcar la diferencia. Cuando votas, expresas tu opinión. Después de hablar y hacer una lluvia de ideas, el voto es una buena manera de tomar la decisión final.

Estos estudiantes votan para elegir al presidente de la clase.

Un cambio grande

Para resolver algunos problemas se necesita más trabajo. Por ejemplo, construir una escuela es un cambio grande. Imagina que una ciudad está creciendo. Una escuela nueva podría ser una mejora muy buena. Pero será **costosa**. Los vecinos tendrán que pagarla con sus **impuestos**.

La ciudad debe decidir si vale la pena gastar el dinero en una escuela nueva. Los vecinos deben hablar y encontrar el mejor plan para todos.

Un maestro habla con los miembros de la junta escolar.

Impuestos que ayudan

Los impuestos ayudan a pagar mucho más que los cambios grandes, como las escuelas nuevas. Ayudan a pagar cosas como la recolección de residuos o la reparación de las calles.

¿Qué es lo mejor?

Tal vez a algunas personas les gusta la ciudad tal como está. Quizá no quieran una escuela nueva. Construir una escuela cuesta mucho dinero. Puede llevar mucho tiempo. Quizás algunas personas piensen que esa no es la mejor solución.

Los líderes de una comunidad comparten sus ideas en una reunión del ayuntamiento.

Entonces, las personas pueden votar por líderes que apoyen sus puntos de vista. Elegir buenos líderes que nos representen es importante. Es una manera de influir en los cambios que ocurren en nuestra comunidad.

Muchas voces

Los líderes no son los únicos que pueden ayudar. Los miembros de la comunidad también pueden hacerlo. Pueden enviar cartas, hacer llamadas telefónicas, ir a reuniones de la comunidad o votar. Pueden hablar con los líderes. Es importante que participen muchas personas. Muchas voces tienen más fuerza que una sola. Trabajar juntos es una buena manera de hacer cambios. ¡Ayudará a que se hagan las cosas!

Unas personas se registran para votar.

Piensa y habla

¿Qué están haciendo las personas de estas fotos para ayudar a hacer cambios en su comunidad?

¿Y qué hacemos ahora?

¿Qué sucede si hay que cerrar una escuela? Tal vez ya no hay suficientes niños para llenar la escuela. La comunidad debe decidir qué hacer.

Las personas tienen que hacer preguntas. ¿Un pueblo pequeño debe mantener su propia escuela? ¿O es mejor que varios pueblos cercanos compartan una escuela grande? La comunidad tiene que pensar qué será mejor. Es una decisión difícil que deben tomar algunos pueblos pequeños.

Una escuela con un solo salón

Antes, los niños de todas las edades compartían un mismo salón de clases. Las escuelas tenían un solo salón y todos los estudiantes aprendían juntos.

Si una escuela cierra, ¿significa que el debate ha terminado? No. Hay que decidir qué hacer después. Tal vez algunos quieran tirar abajo el edificio. Quizás otros prefieran convertirlo en una biblioteca. La ciudad debe volver a debatir. Recuerda: todo el tiempo hay cambios. ¡Una decisión que se tomó en el pasado puede cambiar en el futuro!

Una estudiante da un discurso sobre los cambios que cree que se necesitan.

Estas personas debaten acerca de los cambios que quieren hacer.

Ayudar a hacer cambios

Las comunidades siempre están cambiando. Pueden crear parques nuevos. Pueden construir centros comerciales. Es bueno recordar que cada persona de la comunidad puede ser parte del cambio.

Las autoridades de una ciudad cortan una cinta para inaugurar una nueva estación de trenes.

Una mujer comparte sus ideas en una reunión de su comunidad.

Vivas donde vivas, puedes ayudar a mejorar el lugar. Escríbeles a tus líderes. Ve a una reunión. Pídeles a los demás que ayuden. ¡Habla con otros! Es tu comunidad. ¡Tú puedes ayudar a hacer cambios!

Glosario

comunidades: grupos de personas que están conectadas entre sí

costosa: que cuesta mucho dinero

debatir: hablar sobre algo con personas que tienen opiniones diferentes

decisiones: los resultados de escoger una opción

impuestos: el dinero que recauda el gobierno para pagar cosas que usan las personas

lluvia de ideas: diferentes ideas que se proponen para pensar soluciones

soluciones: respuestas a problemas

votar: elegir oficialmente a una persona o idea

Índice

Civismo en acción

Para que te escuchen, ¡tienes que hablar! Deja que los demás sepan tus ideas. Puedes compartirlas con los líderes de tu comunidad ahora mismo.

1. Averigua el nombre y la dirección oficial o el correo electrónico oficial de los líderes de tu comunidad.

2. Piensa en un problema de tu comunidad o en algo que creas que está muy bien.

3. Escríbeles una carta o correo electrónico a tus líderes locales. Cuéntales tus ideas y lo que piensas que se debería hacer.

4. Agradéceles por tener en cuenta tus ideas. ¡No olvides firmar con tu nombre!

5. Envíales tu carta o tu correo electrónico.